Manuale di Bushcraft:
Tecniche di Sopravvivenza

Crafty Ink **Manolo**

INDICE

SOMMARIO

Capitolo 1: Introduzione al Bushcraft

- Cos'è il bushcraft e perché è importante
- Storia del bushcraft
- Etica e principi del bushcraft
- Attrezzatura essenziale per il bushcraft

Capitolo 2: Costruzione di un Rifugio

- Tipi di rifugi e loro utilità
- Materiali naturali per la costruzione di rifugi
- Tecniche di costruzione di rifugi temporanei e permanenti
- Rifugi per diverse condizioni climatiche

Capitolo 3: Accendere un Fuoco

- Tecniche di accensione del fuoco
- Selezione e preparazione del materiale per il fuoco
- Gestione e manutenzione del fuoco
- Sicurezza e smaltimento del fuoco
-

Capitolo 4: Procurarsi Cibo nella Natura

- Identificazione e raccolta di piante commestibili
- Tecniche di caccia e pesca
- Trappole e attrezzi per la cattura di animali
- Conservazione e cottura del cibo

Capitolo 5: Orientamento e Navigazione

- Uso di mappe, bussola e GPS
- Navigazione con il sole, la luna e le stelle
- Tecniche di orientamento usando segni naturali
- Creazione e utilizzo di percorsi e punti di riferimento

Capitolo 6: Gestione dell'Acqua

- Identificazione e raccolta di fonti d'acqua
- Tecniche di purificazione dell'acqua
- Conservazione e trasporto dell'acqua
- Utilizzo responsabile delle risorse idriche

Capitolo 7: Primo Soccorso e Salute nel Bushcraft

- Kit di primo soccorso per il bushcraft
- Trattamento di ferite, morsi e punture comuni

- Prevenzione e trattamento dell'ipotermia e del colpo di calore
- Gestione dello stress e della fatica in situazioni di sopravvivenza

Capitolo 8: Fabbricazione di Attrezzi e Utensili

- Uso e manutenzione di coltelli, asce e seghe
- Fabbricazione di utensili e oggetti utili con materiali naturali
- Tecniche di intreccio e legatura con fibre vegetali
- Costruzione di contenitori e recipienti

Capitolo 9: Comunicazione e Segnalazione

- Tecniche di comunicazione non verbale
- Uso di segnali di fumo, specchi e altri metodi di segnalazione
- Creazione e interpretazione di segni e simboli sul terreno
- Utilizzo di radio e altri dispositivi di comunicazione

Capitolo 10: Sopravvivenza a Lungo Termine e Abilità di Vita nella Natura

- Pianificazione e organizzazione di una base permanente
- Tecniche di agricoltura e allevamento nella natura selvaggia
- Conservazione del cibo a lungo termine
- Sviluppo di una comunità autosufficiente nel bosco

INTRODUZIONE

Il bushcraft è un'arte antica che coinvolge l'acquisizione e la pratica di abilità e tecniche per sopravvivere e prosperare nella natura. Questo manuale di bushcraft è stato creato per fornire una guida completa e approfondita a chiunque desideri imparare e sviluppare queste competenze essenziali. Attraverso dieci capitoli dettagliati, esploreremo una vasta gamma di argomenti, tra cui la costruzione di rifugi, l'accensione del fuoco, la ricerca di cibo e acqua, l'orientamento e la navigazione, il primo soccorso, la fabbricazione di attrezzi e utensili, la comunicazione, e la sopravvivenza a lungo termine nella natura selvaggia.

L'obiettivo di questo manuale è fornire una solida base di conoscenze e abilità pratiche che possono essere utilizzate in una varietà di contesti e situazioni all'aperto. Imparare il bushcraft può migliorare la propria esperienza nella natura, promuovere un senso di autosufficienza e resilienza, e rafforzare il legame tra l'uomo e l'ambiente circostante.

Capitolo 1: Introduzione al Bushcraft

1.1 Cos'è il bushcraft e perché è importante

Il bushcraft è l'arte di vivere e sopravvivere nella natura sfruttando le risorse naturali che ci distruggono. Il termine "bushcraft" deriva dall'unione delle parole "bush", che significa "boscaglia" o "natura selvaggia", e "craft", che significa "arte" o "mestiere". Il bushcraft include un insieme di competenze e tecniche che permettono a una persona di vivere in armonia con l'ambiente, imparando a utilizzare in modo efficiente e sostenibile le risorse naturali a disposizione. Questo include la costruzione di rifugi, l'accensione e la gestione del fuoco, la ricerca e la raccolta di cibo e acqua, l'orientamento e la navigazione, il primo soccorso e la cura della salute, la fabbricazione di attrezzi e utensili, la comunicazione e segnalazione,

Il bushcraft è importante per diverse ragioni. Prima di tutto, ci permette di sviluppare un profondo legame con la natura e di comprendere il nostro posto nel mondo naturale. Il bushcraft ci insegna a rispettare l'ambiente ea valorizzare le risorse che la Terra ci offre. Inoltre, le competenze apprese nel bushcraft possono essere utili in situazioni di emergenza o di sopravvivenza, permettendoci di reagire in modo efficace a sfide impreviste. Infine, il bushcraft può essere una fonte di crescita personale e di sviluppo delle capacità di problem solving, resilienza e autodisciplina.

1.2 Storia del bushcraft Le radici del bushcraft risalgono all'inizio della storia umana, quando i nostri antenati vivevano in stretta relazione con la natura e dipendevano dalle loro abilità di sopravvivenza per procurarsi cibo, costruire rifugi e difendersi dai pericoli. Nel corso dei millenni, le popolazioni indigene di tutto il mondo hanno sviluppato tecniche e conoscenze uniche per vivere in armonia con i loro ambienti, sfruttando al massimo le risorse a loro disposizione. Queste antiche tradizioni di sopravvivenza hanno influenzato lo sviluppo del bushcraft moderno, che cerca di preservare e diffondere queste abilità e conoscenze.

Nel XX secolo, il bushcraft ha iniziato a guadagnare popolarità come pratica ricreativa e come disciplina di studio. Tra i pionieri del bushcraft moderno si annoverano personaggi come Tom Brown Jr., Mors Kochanski e Ray Mears, che hanno contribuito a diffondere le competenze e le conoscenze del bushcraft attraverso libri, corsi e programmi televisivi. Oggi, il bushcraft è praticato da appassionati di tutto il mondo, sia come hobby che come modo di vita, e continua a ispirare nuove generazioni di esploratori e avventurieri.

1.3 Etica e principi del bushcraft

L'etica del bushcraft si basa sul rispetto per la natura e sulla consapevolezza del nostro impatto sull'ambiente. Praticare il bushcraft significa cercare di minimizzare il nostro impatto ecologico e di utilizzare le risorse naturali in modo sostenibile e responsabile. Alcuni principi fondamentali dell'etica del bushcraft includono:

- Rispetto per la vita: Tutte le forme di vita, comprese piante e animali, meritano rispetto e considerazione. Evita di danneggiare inutilmente l'ambiente e cerca di agire in modo responsabile e consapevole.

- Prendi solo ciò che è necessario: Quando si utilizzano risorse naturali per il cibo, l'acqua, il rifugio o gli utensili, è importante prendere solo ciò che è strettamente necessario. Questo approccio consente di preservare le risorse per il futuro e di minimizzare l'impatto sull'ecosistema.

- Lasciare il minimo impatto possibile: L'obiettivo del bushcraft è di vivere in armonia con la natura, il che significa cercare di ridurre al minimo l'impatto delle nostre azioni sull'ambiente. Ciò include pratiche come la dispersione di cenere di fuoco in modo appropriato, l'uso responsabile di sentieri e campeggi, e il rispetto delle leggi e delle regolamentazioni locali.

- Condivisione delle conoscenze: Il bushcraft è basato sulla condivisione di conoscenze e competenze tramite l'insegnamento e l'apprendimento. Condividere le proprie conoscenze con gli altri è fondamentale per preservare e diffondere le tradizioni del bushcraft.

- Responsabilità personale: Praticare il bushcraft richiede un alto grado di responsabilità personale. È importante essere ben preparati, avere le competenze e le conoscenze necessarie ed essere consapevoli dei limiti delle proprie abilità.

1.4 Indispensabile essenziale per il bushcraft

Tuttavia il bushcraft si concentra sull'utilizzo delle risorse naturali, è importante avere con sé un'attrezzatura di base che possa facilitare la sopravvivenza e il lavoro in natura. Ecco un elenco di attrezzature essenziali per il bushcraft:

- Coltello: Un coltello di qualità è uno strumento indispensabile nel bushcraft. Può essere utilizzato per tagliare legna, preparare il cibo, costruire rifugi e lavorare su vari progetti. Scegli un coltello robusto e adatto alle proprie esigenze.

- Ascia o sega: Un'ascia o una sega possono essere utili per tagliare legna da ardere, abbattere alberi e costruire strutture. Scegli uno strumento che sia adatto alle proprie esigenze e capacità.

- Bussola e mappa: Navigare nella boscaglia richiede un senso dell'orientamento e la capacità di utilizzare una bussola e una mappa. Avere sempre con sé una bussola e una mappa della zona in cui ci si trova, anche se si utilizza un GPS o un dispositivo elettronico per la navigazione.

- Zaino: Uno zaino robusto e confortevole è essenziale per trasportare attrezzature, cibo e acqua. Scegli uno zaino adatto al tipo di escursione o di avventura che si intende intraprendere.

- Abbigliamento e calzature adeguate: Vestirsi in modo appropriato è fondamentale per affrontare le varie condizioni climatiche e ambientali che si possono incontrare durante il bushcraft. Scegli abbigliamento e calzature resistenti, comode e adatte alle condizioni specifiche.

- Kit di primo soccorso: Un kit di primo soccorso ben fornito è essenziale per far fronte a eventuali emergenze mediche. Assicurati di includere articoli come bende, garze, disinfettante, pinzette e un termometro, oltre a eventuali farmaci personali.

- Corda o paracord: La corda è uno strumento estremamente versatile nel bushcraft, utilizzata per legare, sollevare, trascinare e costruire strutture. Il paracord è una scelta popolare grazie alla sua resistenza e leggerezza.

- Mezzi per accendere il fuoco: Avere a disposizione diversi metodi per accendere un fuoco è fondamentale nel bushcraft. Portare con sé fiammiferi impermeabili, un acciarino e un accendino a prova di vento.

- Contenitore per l'acqua: Un contenitore per l'acqua resistente e riutilizzabile è essenziale per trasportare e conservare l'acqua potabile. Scegliere un contenitore adatto alle proprie esigenze e alle condizioni ambientali.

- Coperta termica o sacco a pelo: Una coperta termica o un sacco a pelo leggero e compatto può essere utile per proteggersi dal freddo e dall'umidità durante la notte.

- Cibo e utensili da cucina: Portare con sé cibo ad alto contenuto energetico ea lunga conservazione, come barrette energetiche, frutta secca e alimenti liofilizzati. Includere anche utensili da cucina di base, come una pentola, un fornello portatile e posate.

Questa lista di attrezzature essenziali può variare in base alle esigenze e alle preferenze personali, oltre che alle condizioni ambientali specifiche. È importante adattare il proprio equipaggiamento alle proprie competenze e alle situazioni che ci si aspetta di affrontare durante il bushcraft.

Con l'introduzione al bushcraft completo, i capitoli successivi di questo manuale esploreranno in dettaglio le competenze e le tecniche necessarie per vivere e sopravvivere nella natura selvaggia. Imparare e praticare queste abilità può essere un'avventura gratificante e appagante, offrendo l'opportunità di scoprire di più su noi stessi e sul mondo che ci circonda.

Capitolo 2: Costruzione di un Rifugio

2.1 Tipi di rifugi e loro utilità

La costruzione di un rifugio è una delle abilità fondamentali del bushcraft, in quanto offre protezione dagli elementi e un luogo sicuro per riposare e dormire. Esistono diversi tipi di rifugi che possono essere costruiti con materiali naturali, ognuno con i propri vantaggi e svantaggi. Di seguito sono elencati alcuni tipi comuni di rifugi e le loro principali caratteristiche:

1. Lean-to (riparo a sbalzo): Questo tipo di rifugio consiste in una struttura inclinata appoggiata a un supporto, come un albero o un tronco. È relativamente facile da costruire e offre una buona protezione dalla pioggia e dal vento.

2. Tarp (telo): Un telo è un telo impermeabile che può essere utilizzato per creare un rifugio rapido e versatile. Può essere sospeso tra alberi o appoggiato a strutture naturali offrendo protezione dal sole, dalla pioggia e dal vento.

3. Capanna di detriti: Un rifugio di
   detriti è un rifugio costruito con
   rami, foglie e altri detriti
   naturali. Offre un ottimo
   isolamento termico e
   protezione dagli elementi, ma
   può richiedere tempo ed
   energia per essere costruito.

4. Quinzhee o iglù di neve:
   Questi rifugi sono costruiti con
   blocchi di neve compattata e
   sono particolarmente adatti
   alle condizioni invernali.
   Offrono un eccellente
   isolamento termico, ma
   richiedono tempo e sforzo per
   essere costruiti.

5. Capanna di tronchi: Una
   capanna di tronchi è un rifugio
   più permanente costruito con
   tronchi di legno intrecciati e
   copertine di materiale isolante.
   Richiede tempo, abilità e
   sforzo per essere costruito, ma
   offre una protezione duratura
   dagli elementi.

2.2 Materiali naturali per la costruzione di rifugi

La scelta dei materiali giusti è fondamentale per la costruzione di un rifugio efficace e resistente. I materiali naturali consigliati utilizzati nella costruzione di rifugi nel bushcraft includono:

1. Rami e tronchi: Rami e tronchi possono essere utilizzati come supporti strutturali per la maggior parte dei rifugi. Con rami robusti e diritti per garantire la stabilità del rifugio.

2. Foglie e detriti: Foglie, erba e altri detriti naturali possono essere utilizzati come materiale isolante e impermeabilizzante per i rifugi. Creano uno strato isolante che protegge dal freddo, dall'umidità e dal vento.

3. Corteccia: La corteccia di alcuni alberi può essere utilizzata come copertura impermeabile per i rifugi. Alcuni tipi di corteccia, come quella di betulla e di cedro, sono particolarmente resistenti e flessibili, rendendoli adatti per questo scopo.

4. Muschio: Il muschio può
   essere utilizzato come
   materiale isolante e
   impermeabilizzante. Ha ottime
   proprietà isolanti e può essere
   facilmente raccolto e applicato
   sui rifugi.

5. Neve: La neve può essere
   utilizzata per costruire rifugi
   come quinzhee o iglù, che
   offrono un eccellente
   isolamento termico. La neve
   compattata può essere tagliata
   in blocchi e impilata per creare
   pareti e soffitti resistenti.

2.3 Tecniche di costruzione di rifugi

Le tecniche di costruzione di rifugi
variano a seconda del tipo di rifugio
che si desidera costruire e dei
materiali disponibili. Di seguito sono
descritte alcune tecniche di base che
possono essere utilizzate nella
costruzione di diversi tipi di rifugi:

1. Costruzione di un lean-to: Per costruire un lean-to, iniziare trovando un supporto solido, come un albero o un tronco caduto. Posizionare un lungo ramo orizzontalmente lungo il supporto e fissarlo con corde o intrecci. Quindi, posiziona i rami più corti in modo inclinato lungo il ramo orizzontale, creando una struttura a sbalzo. Coprire la struttura con foglie, erba o corteccia per creare un tetto impermeabile e isolante.

2. Montaggio di un telo: Per montare un telo, è possibile utilizzare corde per sospendere il telo tra due alberi o appoggiarlo su una struttura naturale come un tronco o un ramo. Assicurati di tenere il telo in modo che l'acqua piovana possa defluire facilmente e non si accumuli sul telo.

3. Costruzione di una capanna di detriti: Iniziare a creare una struttura a forma di A utilizzando rami e tronchi. Fissare un lungo ramo tra due supporti e posizionare i rami più corti lungo il ramo principale per creare una struttura inclinata. Quindi, coprire la struttura con detriti come foglie, erba e muschio, creando uno strato isolante spesso almeno 30-45 cm. Infine, copri il rifugio con rami e tronchi per mantenere i detriti al loro posto e aumentare la resistenza strutturale.

4. Costruzione di un quinzhee o
   iglù di neve: Per costruire un
   rifugio di neve, iniziare
   scavando un'area nella neve e
   compattando la neve con i
   piedi o con attrezzi. Quindi,
   taglia blocchi di neve
   compattata e impilali per
   creare pareti e un soffitto.
   Assicurarsi di lasciare
   un'apertura per l'entrata e una
   piccola apertura per la
   ventilazione. Infine, coprire le
   pareti interne del rifugio con
   neve per sigillare eventuali
   spazi vuoti e aumentare
   l'isolamento termico.

5. Costruzione di una capanna di tronchi: Per costruire una capanna di tronchi, iniziare selezionando tronchi di legno di lunghezza e spessore simile. Posizionare i tronchi uno sull'altro, intrecciandoli negli angoli per creare una struttura solida. Assicurarsi di lasciare spazi per le finestre e l'entrata. Utilizzare materiale isolante, come muschio o corteccia, per riempire eventuali spazi tra i tronchi e migliorare l'isolamento termico. Infine, costruisci un tetto inclinato utilizzando rami, tronchi e materiale impermeabile come corteccia o foglie.

2.4 Considerazioni sulla posizione del rifugio

La posizione del rifugio è un fattore cruciale per garantire la sua efficacia e sicurezza. Quando si sceglie una posizione per costruire un rifugio tenere, considerare i seguenti fattori:

1. Protezione dagli elementi: Scegli un luogo che offra protezione naturale dal vento, dalla pioggia e dalla neve. Questo può includere aree riparate da alberi, rocce o altre caratteristiche del paesaggio.

2. Sicurezza: Assicurarsi che la posizione del rifugio sia sicura e lontana da potenziali pericoli, come caduta di rami, frane, valanghe o inondazioni.

3. Accesso all'acqua: Scegliere una posizione vicino a una fonte d'acqua potabile, come un fiume, un lago o un ruscello. Tuttavia, evitare di costruire il rifugio troppo vicino all'acqua, in quanto ciò potrebbe aumentare il rischio di inondazioni o umidità.

4. Esposizione al sole: Se possibile, posiziona il rifugio in modo che riceva il sole durante il giorno. Questo contribuirà a mantenere il rifugio caldo e asciutto e faciliterà la cottura e l'essiccazione di vestiti e attrezzature.

5. Visibilità e segnalazione: Se ci si trova in una situazione di emergenza e si ha bisogno di essere individuati dai soccorritori, posizionare il rifugio in un'area visibile e utilizzare segnali come fuochi, specchi o colori vivaci per attirare l'attenzione.

2.5 Manutenzione e riparazione dei rifugi

Una volta costruito il rifugio, è importante monitorarne lo stato e apportare eventuali riparazioni necessarie per garantire la sua efficacia e sicurezza. Ciò può includere:

1. Controllare frequentemente la stabilità e l'integrità strutturale del rifugio, assicurandosi che non ci siano parti danneggiate o indebolite.

2. Sostituire o riparare eventuali materiali isolanti o impermeabilizzanti che si siano deteriorati o siano stati danneggiati.

3. Verificare che il sistema di ventilazione del rifugio sia funzionante e che non ci siano accumuli di condensa o umidità all'interno del rifugio.

4. Rimuovere eventuali detriti o rami caduti che potrebbero ostacolare l'ingresso o compromettere la sicurezza del rifugio.

5. Controlla che l'area circostante
il rifugio sia sgombra da
pericoli, come formazioni di
ghiaccio, accumuli di neve o
rami pendenti.

6. mantenere un fuoco vicino al
rifugio per riscaldarlo e
segnalare la posizione, ma
assicurarsi che sia
sufficientemente lontano e
protetto per evitare incendi
accidentali.

In sintesi, il capitolo 2 di questo
manuale di bushcraft si è concentrato
sulla costruzione di rifugi, un'abilità
fondamentale per sopravvivere e
prosperare nella natura selvaggia.
Sono stati discussi diversi tipi di
rifugi, materiali naturali utilizzati nella
costruzione di rifugi, tecniche di base
per la costruzione, considerazioni
sulla posizione del rifugio e
suggerimenti per la manutenzione e
la riparazione dei rifugi. Padronanza
di queste competenze è essenziale
per chiunque pratichi il bushcraft,
poiché un rifugio adeguato può fare
la differenza tra vita e morte in
situazioni di sopravvivenza.

Nei capitoli successivi di questo manuale, esploreremo altre competenze e tecniche fondamentali del bushcraft, tra cui l'accensione del fuoco, la ricerca e la purificazione dell'acqua, la caccia e la pesca, la cucina e la conservazione degli alimenti, la navigazione e le tecniche di primo soccorso.

Capitolo 3: Accendere un Fuoco

3.1 Introduzione all'accensione del fuoco

L'accensione del fuoco è una delle competenze più importanti nel bushcraft, in quanto il fuoco fornisce calore, luce, protezione, la possibilità di cucinare cibo e purificare l'acqua. In questo capitolo esploreremo diverse tecniche di accensione del fuoco, la selezione e preparazione del materiale per il fuoco, la gestione e manutenzione del fuoco, e consigli per la sicurezza e lo smaltimento del fuoco.

3.2 Tecniche di accensione del fuoco

Esistono diverse tecniche per accendere un fuoco, ognuna con i propri vantaggi e svantaggi. Di seguito sono descritte alcune delle tecniche più comuni:

1. Accendino o fiammiferi: Gli accendini ed i fiammiferi sono gli strumenti più semplici ed efficienti per accendere un fuoco. Tuttavia, possono essere influenzati dall'umidità e richiedere un approvvigionamento di combustibile o fiammiferi di ricambio.

2. Lente d'ingrandimento:
   utilizzando una lente
   d'ingrandimento o un altro
   oggetto trasparente e
   convesso, è possibile
   concentrare la luce solare su
   un punto specifico, generando
   abbastanza calore per
   accendere il materiale
   combustibile. Questo metodo
   richiede una fonte di luce
   solare diretta e può richiedere
   tempo ed esperienza per
   padroneggiare.

3. Acciarino e pietra focaia:
   L'acciarino e la pietra focaia
   sono uno strumento classico
   per l'accensione del fuoco.
   Colpendo l'acciarino contro la
   pietra focaia, si producono
   scintille che possono essere
   dirette su un materiale
   combustibile per accendere il
   fuoco. Questo metodo è
   affidabile e funziona anche in
   condizioni umide, ma richiede
   pratica ed esperienza per
   padroneggiare.

4. Arco e trapano: L'arco e il trapano sono una tecnica tradizionale di accensione del fuoco che utilizza attrito per generare calore. Il trapano è un bastone affilato che viene ruotato rapidamente tra le mani o con l'aiuto di un arco, mentre viene premuto contro una base di legno. Questo metodo richiede tempo, sforzo e pratica per padroneggiare, ma può essere molto efficace una volta appresa.

5. Batteria e lana d'acciaio: Collegando i terminali di una batteria alla lana d'acciaio, si genera una corrente elettrica che fa scaldare e incendiare la lana. Questa tecnica è semplice e veloce, ma richiede una batteria funzionante e lana d'acciaio.

3.3 Selezione e preparazione del materiale per il fuoco

La scelta e la preparazione del materiale giusto per il fuoco sono essenziali per garantire un'accensione rapida e un fuoco stabile. I materiali per il fuoco possono essere suddivisi in tre categorie principali: accenditore, legno piccolo e legno grande.

1. Accenditore: L'accenditore è un materiale leggero e altamente infiammabile che può essere facilmente acceso con una scintilla o una fiamma. Gli accenditori naturali possono includere corteccia di betulla, lanugine di piante, foglie secche, erba secca, muschi secchi e licheni. Gli accenditori artificiali, come il cotone imbevuto di vaselina o lana d'acciaio, possono essere utili in situazioni di emergenza o quando gli accenditori naturali sono difficili da trovare.

2. Legno piccolo: Il legno piccolo
   è costituito da rami sottili e
   rametti secchi che bruceranno
   rapidamente una volta che
   l'accenditore si è acceso.
   Questo legno è essenziale per
   aiutare a stabilire il fuoco e
   prepararlo per bruciare il legno
   più grande. È importante
   raccogliere una varietà di
   dimensioni, da sottili come un
   capello a spessi come un dito.

3. Legno grande: Il legno grande
   è costituito da rami e tronchi
   più spessi che bruceranno più
   a lungo e forniranno un fuoco
   costante e caldo. Questo legno
   dovrebbe essere raccolto
   asciutto e, se possibile,
   spaccato per esporre il legno
   secco all'interno. È importante
   raccogliere una varietà di
   dimensioni, da spesse come
   un polso a tronchi più grandi.

Una volta raccolti i materiali per il fuoco, è importante preparare adeguatamente l'area del fuoco. Scegliere un'area piatta e priva di detriti infiammabili, come erba secca o foglie. Crea una piattaforma di pietre o terra battuta per isolare il fuoco dal terreno e ridurre il rischio di incendi accidentali. Inoltre, assicurati di avere a portata di mano una fonte di acqua o terra per spegnere il fuoco in caso di emergenza.

3.4 Gestione e manutenzione del fuoco

Una volta acceso il fuoco, è importante gestirlo e mantenerlo correttamente per garantire che fornisca calore e luce in modo efficiente e sicuro. Alcuni suggerimenti per la gestione e la manutenzione del fuoco includono:

1. Alimentare il fuoco con legno piccolo e grande in modo graduale, aggiungendo più legna solo quando necessario per mantenere le dimensioni e l'intensità desiderata del fuoco.

2. Tenere il fuoco ben ventilato, assicurandosi che l'aria possa circolare liberamente attorno alla base del fuoco e tra i pezzi di legno.

3. Utilizzare utensili come bastoni
o pietre per spostare e
riorganizzare il legno nel
fuoco, aiutando a garantire
una combustione uniforme e
riducendo la formazione di
fumo.

4. Monitorare il fuoco
attentamente, assicurandosi
che non si diffonda
accidentalmente a zone
circostanti o diventi troppo
grandi e incontrollabili.

3.5 Sicurezza e smaltimento del fuoco

La sicurezza è fondamentale
importanza quando si tratta di fuoco
nel bushcraft. Seguire queste linee
guida per garantire la sicurezza e
prevenire incidenti o danni
all'ambiente:

1. Non lasciare mai un fuoco
incustodito. Verificare che
qualcuno sia sempre presente
per monitorare il fuoco e
intervenire in caso di problemi.

2. mantenere una distanza di
sicurezza tra il fuoco e gli
oggetti infiammabili, come
tende, sacchi a pelo o
attrezzature.

3. Vietato accendere fuochi in condizioni di vento forte o in zone con elevato rischio di incendi, come praterie secche o foreste durante la stagione degli incendi.

4. Non accendere fuochi vicino ad alberi con rami bassi o in zona con abbondanza di detriti infiammabili sul terreno.

5. Avere sempre a portata di mano una fonte di acqua o terra per spegnere il fuoco in caso di emergenza.

Quando è il momento di smaltire il fuoco, segui questi passaggi per farlo in modo sicuro ed ecologico:

1. Lasciare che il fuoco si consumi naturalmente fino a quando rimangono solo cenere e brace.

2. Versare lentamente acqua sulle braci, assicurandosi di inumidire completamente l'area del fuoco. Mescolare le ceneri e le braccia con un bastone per garantire che siano completamente bagnate e che non ci siano punti caldi nascosti.

3. Attendere che l'area del fuoco
   si raffreddi completamente al
   tatto. Questo potrebbe
   richiedere del tempo,
   soprattutto se il fuoco è stato
   acceso per diversi ore.

4. Una volta che l'area del fuoco
   è fredda, rimuovi le ceneri e
   disperderle in un'area più
   ampia, lontano da corsi
   d'acqua o zone sensibili. Se
   possibile, restituire l'area del
   fuoco al suo stato naturale,
   coprendola con terra o pietre.

In sintesi, il capitolo 3 di questo
manuale di bushcraft ha elencato
l'importanza dell'accensione del
fuoco e ha fornito una panoramica
delle tecniche di accensione del
fuoco, la selezione e preparazione
del materiale per il fuoco, la gestione
e manutenzione del fuoco, e la
sicurezza e lo smaltimento del fuoco.
La padronanza di queste competenze
è fondamentale per chiunque pratichi
il bushcraft, in quanto il fuoco è una
risorsa essenziale per la
sopravvivenza e il benessere nella
natura selvaggia.

Nei prossimi capitoli di questo manuale, continueremo ad esplorare altre competenze chiave del bushcraft, tra cui la ricerca e purificazione dell'acqua, la caccia e la pesca, la cucina e conservazione degli alimenti, la navigazione e le tecniche di primo soccorso.

Capitolo 4: Procurarsi Cibo nella Natura

4.1 Introduzione alla raccolta di cibo nella natura

Nel bushcraft, saper procurarsi cibo nella natura è una competenza fondamentale per la sopravvivenza a lungo termine. In questo capitolo esploreremo le diverse fonti di cibo che possono essere trovate nella natura, come identificare e raccogliere piante commestibili, tecniche di caccia e pesca, l'utilizzo di trappole e attrezzi per la cattura di animali e metodi per conservare e cucinare il cibo .

4.2 Identificazione e raccolta di piante commestibili

Le piante commestibili sono una fonte di cibo vitale nella natura selvaggia, fornendo nutrienti, energia e fibra. Tuttavia, è essenziale conoscere quali piante sono commestibili e quali sono velenose o tossiche. Di seguito sono riportati alcuni suggerimenti per l'identificazione e la raccolta di piante commestibili:

1. Studiare le guide ei manuali sulle piante commestibili locali prima di partire per un'avventura di bushcraft. Familiarizzare con le piante della zona e le loro caratteristiche, come la forma delle foglie, il colore dei fiori e l'aspetto dei frutti.

2. Imparare a distinguere le piante commestibili dalle piante velenose simili. Alcune piante velenose possono assomigliare molto a quelle commestibili, quindi è importante conoscere le differenze chiave per evitare intossicazioni accidentali.

3. Raccogliere solo le piante di cui si è sicuri al 100% della commestibilità. Se non si è completamente sicuri dell'identità di una pianta, è meglio lasciarla perdere.

4. Prestare attenzione ai segni di contaminazione, come inquinamento, pesticidi o batteri. Non raccogliere piante vicino a strade trafficate, corsi d'acqua inquinati o in aree agricole che potrebbero utilizzare pesticidi.

5. Raccogliere in modo responsabile, prendendo solo ciò che è necessario e cercando di non danneggiare l'ecosistema locale. Vietato di raccogliere piante rare o in via di estinzione e di prelevare solo una piccola parte di ogni pianta per consentirle di continuare a crescere.

Alcuni esempi di piante commestibili comuni includono il tarassaco, l'ortica, il lampascione, i mirtilli ei porcini. Tuttavia, le piante commestibili variano notevolmente a seconda della regione e della stagione, quindi è importante informarsi sulle specie locali e sui momenti migliori per raccoglierle.

4.3 Tecniche di caccia e pesca

La caccia e la pesca sono altre fonti di cibo importante nella natura selvaggia, fornendo proteine, grassi e altri nutrienti essenziali. Esistono diverse tecniche di caccia e pesca che possono essere utilizzate nel bushcraft, tra cui:

1. Caccia con arco e frecce:
   L'arco e le frecce sono
   strumenti di caccia tradizionali
   che possono essere costruiti
   utilizzando materiali naturali
   trovati nella natura selvaggia.
   La caccia con l'arco richiede
   pratica e abilità, ma è un
   metodo efficace e silenzioso
   per cacciare animali di varie
   dimensioni.

2. Fionda: La fionda è un altro
   strumento di caccia semplice
   che può essere facilmente
   costruito utilizzando elastici,
   cuoio o materiali sintetici. Le
   fionde possono essere
   utilizzate per cacciare piccoli
   animali, come uccelli e
   scoiattoli, lanciando piccole
   pietre o proiettili con
   precisione.

3. Pesca a mano: La pesca a
   mano consiste nel catturare
   pesci direttamente con le
   mani, solitamente in acque
   poco profonde o vicino a rocce
   e altri nascondigli. Questa
   tecnica richiede pazienza e
   abilità, ma può essere un
   modo efficace per procurarsi
   cibo se non si dispone di
   attrezzatura da pesca.

4. Pesca con l'amo: La pesca
   con l'amo è una delle tecniche
   di pesca più comuni e può
   essere praticata con una
   varietà di attrezzi, tra cui
   canne da pesca improvvisate,
   ami fatti in casa e esche
   naturali. La pesca con l'amo
   richiede pazienza e
   conoscenza del
   comportamento dei pesci,
   come i loro momenti di
   alimentazione e le loro
   preferenze per le esche.

5. Spearing: Lo spearing è una
   tecnica di caccia e pesca che
   consiste nel suonare e
   catturare animali con una
   lancia o un arpione. Questo
   metodo può essere utilizzato
   per cacciare animali di terra,
   come cervi o cinghiali, o per
   pescare pesci di grandi
   dimensioni, come i salmoni oi
   barracuda.

4.4 Trappole e attrezzi per la cattura
di animali

Le trappole e gli attrezzi sono strumenti utili per catturare animali nel bushcraft, consentendo di catturare prede senza dover essere costantemente presenti. Esistono molte tipologie di trappole e attrezzi, tra cui:

1. Trappole a scatto: Le trappole a scatto sono dispositivi meccanici che si attivano quando un animale disturba un grilletto o una leva, catturandolo rapidamente. Esempi di trappole a scatto includono trappole per animali a pelo e trappole per uccelli.

2. Trappole a tagliola: Le trappole a tagliola sono costituite da un cappio di corda o filo che si stringono attorno all'animale quando entra nella trappola. Queste trappole possono essere utilizzate per catturare piccoli animali, come conigli o scoiattoli.

3. Reti e trappole per pesci: Le reti e le trappole per pesci sono dispositivi che intrappolano i pesci quando nuotano all'interno. Esempi di questi dispositivi includono reti da pesca, nasse e trappole per gamberi. Questi strumenti possono essere costruiti con materiali naturali o sintetici e posizionati in aree ad alto traffico di pesci per aumentare le possibilità di successo.

4. Fosse e trappole a caduta: Le fosse e le trappole a caduta sono dispositivi che sfruttano la forza di gravità per catturare gli animali. Queste trappole possono includere buche scavate nel terreno con punte affilate sul fondo, trappole a caduta con pesi o trappole a piattaforma che collassano sotto il peso dell'animale. Queste trappole possono essere efficaci per catturare animali di varie dimensioni, ma richiedono una posizione strategica e una buona copertura per essere efficaci.

4.5 Conservazione e cottura del cibo

Una volta procurato il cibo nella natura, è importante sapere come conservarlo e cucinarlo correttamente per garantirne la sicurezza e il valore nutrizionale. Di seguito sono riportati alcuni metodi di conservazione e cottura del cibo nel bushcraft:

1. Essiccazione: L'essiccazione è un metodo di conservazione del cibo che prevede la rimozione dell'acqua dai prodotti alimentari, riducendo la crescita di batteri e muffe. La carne, il pesce, la frutta e la verdura possono essere essiccati al sole, sul fumo di un fuoco o in un essiccatore improvvisato costruito con rami e foglie.

2. Affumicatura: L'affumicatura è un metodo di conservazione e cottura del cibo che utilizza il fumo di legno per aggiungere sapore e prolungare la durata di conservazione degli alimenti. La carne e il pesce possono essere affumicati su un fuoco aperto o in un affumicatoio improvvisato costruito con rami e foglie.

3. Cottura su pietre calde: La cottura su pietre calde è un metodo di cottura tradizionale che utilizza pietre riscaldate al fuoco per cuocere gli alimenti. Questo metodo può essere utilizzato per cuocere carne, pesce, verdure e pane, e richiede solo pietre piatte e resistenti al calore.

4. Bollitura e stufatura: La bollitura e la stufatura sono metodi di cottura che utilizzano acqua o altri liquidi per cuocere gli alimenti lentamente e in modo uniforme. Questi metodi possono essere utilizzati per preparare zuppe, stufati e risotti, e richiedono solo una pentola o un contenitore resistente al calore.

5. Grigliata e arrostimento: La grigliata e l'arrosto sono metodi di cottura ad alta temperatura che utilizzano il calore diretto del fuoco per cuocere gli alimenti. Questi metodi sono ideali per cuocere carne, pesce e verdure, e possono essere realizzati utilizzando griglie improvvisate, spiedini o semplicemente posizionando gli alimenti direttamente sulla brace.

In conclusione, il capitolo 4 di questo manuale di bushcraft ha esplorato come procurarsi cibo nella natura, coprendo l'identificazione e la raccolta di piante commestibili, le tecniche di caccia e pesca, l'utilizzo di trappole e attrezzi per la cattura di animali, ei metodi per conservare e cucinare il cibo . Conoscere e padroneggiare queste abilità è fondamentale per sopravvivere e prosperare in un ambiente naturale, in particolare durante le avventure di bushcraft a lungo termine.

È importante ricordare che la pratica rende perfetti e che l'apprendimento di queste abilità richiede tempo, pazienza e dedizione. Inoltre, è essenziale rispettare l'ambiente naturale e gli ecosistemi locali, raccogliendo e cacciando in modo responsabile e sostenibile. Infine, non dimenticare mai l'importanza della sicurezza personale e delle precauzioni igieniche durante la raccolta, la preparazione e la cottura del cibo nella natura selvaggia.

Con queste competenze acquisite e la consapevolezza delle responsabilità che ne derivano, si è pronti ad affrontare le sfide del bushcraft ea sperimentare la soddisfazione di vivere in armonia con la natura, fornendo nutrimento e sostentamento attraverso le risorse che la terra offre. Continua a perfezionare le tue abilità ea esplorare nuove tecniche, in modo da poter essere sempre più autosufficiente e in sintonia con l'ambiente che ti circonda.

Capitolo 5: Orientamento e Navigazione

5.1 Introduzione all'orientamento e alla navigazione

L'orientamento e la navigazione sono competenze essenziali per qualsiasi avventura di bushcraft, permettendo di muoversi in sicurezza nel territorio selvaggio e di trovare la strada di ritorno a casa. In questo capitolo, esploreremo diversi metodi di orientamento e navigazione, tra cui l'uso di mappe, bussole e GPS, la navigazione con il sole, la luna e le stelle, l'impiego di segni naturali e la creazione e l'utilizzo di percorsi e punti di riferimento.

5.2 Uso di mappe, bussola e GPS

Le mappe, le bussole ei GPS sono strumenti di navigazione comuni che possono essere utilizzati per determinare la posizione, la direzione e la distanza tra due punti. Di seguito sono riportati alcuni suggerimenti per l'utilizzo di questi strumenti nel bushcraft:

1. Mappe: Le mappe
   topografiche sono mappe
   dettagliate che mostrano le
   caratteristiche fisiche del
   terreno, come colline, valli,
   fiumi e sentieri. Saper leggere
   una mappa topografica è
   fondamentale per la
   navigazione nel bushcraft.
   Familiarizzarsi con le legende
   delle mappe, le curve di livello
   e gli altri simboli utilizzati per
   rappresentare le caratteristiche
   del terreno.

2. Bussola: Una bussola è uno
   strumento di navigazione che
   indica la direzione del nord
   magnetico. Utilizzare una
   bussola insieme a una mappa
   topografica permette di
   determinare la direzione e la
   distanza tra due punti e di
   seguire un percorso
   prestabilito. Imparare a
   utilizzare una bussola, tra cui
   la regolazione della
   declinazione magnetica e la
   triangolazione della posizione.

3. GPS: Il GPS (Global Positioning System) è un sistema di navigazione satellitare che fornisce informazioni sulla posizione e l'ora in tutto il mondo. I dispositivi GPS possono essere utilizzati nel bushcraft per determinare la posizione esatta, seguire percorsi e registrare punti di interesse. Tuttavia, è importante non fare affidamento esclusivamente sui dispositivi GPS, in quanto possono guastarsi, esaurire la batteria o perdere il segnale satellitare.

5.3 Navigazione con il sole, la luna e le stelle

La navigazione celeste è l'arte di utilizzare il sole, la luna e le stelle per determinare la posizione e la direzione. Queste tecniche possono essere utilizzate come metodi di navigazione di riserva quando gli strumenti moderni non sono disponibili o non funzionano. Di seguito sono riportate alcune tecniche di navigazione celeste utili nel bushcraft:

1. Sole: Il sole sorge a est e tramonta a ovest, con il suo punto più alto nel cielo a mezzogiorno. Utilizzare l'ombra del sole per determinare la direzione est-ovest, posizionando un bastone verticale nel terreno e osservando l'ombra che si proietta. La direzione dell'ombra indica approssimativamente est-ovest. È inoltre possibile utilizzare un orologio analogico per determinare la direzione sud: puntare la lancetta delle ore verso il sole e immaginare una linea immaginaria a metà strada tra la lancetta delle ore e il numero 12. Questa linea punterà a sud nell'emisfero boreale ea nord nell'emisfero australe.

2. Luna: La luna può essere utilizzata per determinare la direzione est-ovest in base alla sua fase e alla sua posizione nel cielo. Durante la luna crescente, il bordo illuminato della luna forma un'arcata che punta a est, mentre durante la luna calante, l'arcata punta a ovest. Quando la luna è alta nel cielo, la sua posizione può essere utilizzata per stimare la direzione nord-sud.

3. Stelle: Le stelle possono essere utilizzate per determinare la direzione nord e sud, individuando costellazioni e stelle specifiche che indicano il polo celeste. Nell'emisfero boreale, cerca la Stella Polare (Polaris), che si trova vicino all'asse di rotazione terrestre e indica il nord. Nell'emisfero australe, cerca la Croce del Sud e le due stelle chiamate I Puntatori, che indicano approssimativamente il sud celeste.

5.4 Tecniche di orientamento usando segni naturali

Oltre agli strumenti di navigazione e alle tecniche celesti, è possibile utilizzare segni naturali per aiutare a determinare la direzione ed a mantenere l'orientamento nel bushcraft. Di seguito sono riportati alcuni esempi di segni naturali utili per la navigazione:

1. Crescita delle piante: Le piante tendono a crescere in direzione della luce solare, il che può fornire indizi sulla direzione est-ovest. Ad esempio, i muschi tendono a crescere sul lato umido e ombreggiato degli alberi e delle rocce, che nell'emisfero boreale è generalmente il lato nord.

2. Formazioni di terreno: Le caratteristiche del terreno, come le colline, i fiumi ei crinali, possono essere utilizzate come punti di riferimento per la navigazione e per determinarne la direzione. Ad esempio, i fiumi tendono a scorrere verso la valle e, in generale, verso il mare, il che può aiutare a stabilire la direzione generale del movimento.

3. Vento: Il vento può fornire indizi sulla direzione, in particolare in aree dove i venti prevalenti soffiano costantemente da una direzione specifica. Osservare la direzione del vento e le sue interazioni con le piante e il terreno può aiutare a determinarne la direzione.

5.5 Creazione e utilizzo di percorsi e punti di riferimento

Nel bushcraft, è importante creare e utilizzare percorsi e punti di riferimento per facilitare la navigazione e prevenire lo smarrimento. Di seguito sono riportati alcuni suggerimenti per la creazione e l'utilizzo di percorsi e punti di riferimento:

1. Percorsi: Scegliere percorsi
   che seguono caratteristiche
   naturali del terreno, come
   fiumi, crinali o sentieri animali,
   può semplificare la
   navigazione e ridurre il rischio
   di perdersi. Tuttavia, è
   importante essere consapevoli
   dei potenziali pericoli e delle
   difficoltà associate a questi
   percorsi, come terreni impervi,
   animali selvatici o condizioni
   meteorologiche avverse.

2. Punti di riferimento: I punti di
   riferimento sono caratteristiche
   del terreno facilmente
   riconoscibili, come montagne,
   laghi, alberi o rocce, che
   possono essere utilizzate per
   orientarsi e seguire un
   percorso. Quando si sceglie un
   punto di riferimento,
   assicurarsi che sia visibile da
   diverse angolazioni e distanze,
   e che sia distinto rispetto alle
   altre caratteristiche circostanti.

3. Segnalazione: È possibile utilizzare segni e simboli naturali o artificiali per marcare un percorso e facilitare la navigazione. Ad esempio, è possibile creare un sentiero di pietre o rami, fare incisioni su alberi o rocce o costruire strutture temporanee come tumuli o ometti. Tuttavia, è importante rispettare l'ambiente naturale e rimuovere eventuali segni artificiali una volta terminata l'avventura di bushcraft.

4. Annotazioni e schizzi: Prendere appunti e disegnare schizzi delle caratteristiche del terreno e dei punti di riferimento può aiutare a mantenere la memoria delle informazioni di navigazione e a impostare percorsi futuri. Utilizzare un taccuino impermeabile o un'applicazione per smartphone per registrare queste informazioni.

In conclusione, il capitolo 5 di questo manuale di bushcraft ha esplorato diverse tecniche di orientamento e navigazione, tra cui l'uso di mappe, bussole e GPS, la navigazione con il sole, la luna e le stelle, l'impiego di segni naturali e la creazione e l'utilizzo di percorsi e punti di riferimento. Sviluppare e affinare queste competenze è essenziale per garantire una navigazione sicura e di successo nel bushcraft e nelle avventure all'aperto.

È importante praticare queste tecniche regolari e in diverse condizioni per aumentare la fiducia nelle proprie abilità di navigazione. Inoltre, è essenziale essere preparati a eventuali imprevisti e ad avere sempre a disposizione un piano di riserva, come ad esempio portare con sé una mappa e una bussola anche quando si utilizza un GPS. Infine, ricorda di rispettare l'ambiente naturale e di praticare l'etica del "lasciare nessuna traccia" durante le avventure di bushcraft.

Capitolo 6: Gestione dell'Acqua

6.1 Introduzione alla gestione dell'acqua

L'acqua è una risorsa vitale per la sopravvivenza umana, e la gestione dell'acqua è una componente cruciale del bushcraft. In questo capitolo, esploreremo come identificare e raccogliere fonti d'acqua, purificare l'acqua per renderla potabile, conservare e trasportare l'acqua e utilizzare le risorse idriche in modo responsabile.

6.2 Identificazione e raccolta di fonti d'acqua

Le fonti d'acqua naturali possono essere trovate in una varietà di ambienti, e conoscerle è essenziale per garantire un approvvigionamento costante d'acqua durante le avventure di bushcraft. Ecco alcune fonti d'acqua comuni e suggerimenti per la loro raccolta:

1. Fiumi, ruscelli e torrenti:
   L'acqua che scorre è spesso la
   fonte più accessibile e
   affidabile d'acqua. Tuttavia,
   assicurarsi che l'acqua
   provenga da una fonte pulita e
   non sia contaminata da
   sostanze chimiche o batteri.
   Vietato prelevare acqua vicino
   a insediamenti umani, impianti
   industriali o zone agricole.

2. Laghi e stagni: Anche se i
   laghi e gli stagni possono
   fornire grandi quantità d'acqua,
   è probabile che l'acqua sia
   stagnante e potenzialmente
   contaminata. Quando si
   attinge acqua da queste fonti,
   cerca di prelevarla dalla
   superficie, lontano dalla riva, e
   purificarla prima di berla.

3. Sorgenti: Le sorgenti naturali
   sono fonti d'acqua pulita che
   sgorgano dal terreno. L'acqua
   delle sorgenti è spesso fredda,
   limpida e potabile senza
   trattamento, ma è comunque
   consigliabile purificarla come
   precauzione.

4. Pioggia: La raccolta dell'acqua piovana è un metodo semplice ed efficace per ottenere acqua potabile. Utilizzare teli, poncho o altri recipienti impermeabili per raccogliere l'acqua che cade, e assicurarsi che il sistema di raccolta sia pulito e privo di contaminanti.

5. Rugiada e umidità: È possibile raccogliere l'acqua dalla rugiada o dall'umidità utilizzando spugne, panni o altri materiali assorbenti. Avvolgere il materiale attorno a piante o erba e strizzarlo in un contenitore per raccogliere l'acqua.

6. Neve e ghiaccio: La neve e il ghiaccio possono essere sciolti per produrre acqua potabile, ma è importante farlo lentamente e con cautela per evitare ustioni da freddo o ipotermia. Inoltre, assicurarsi che la neve o il ghiaccio siano puliti e non contaminati da sostanze chimiche o batteri.

6.3 Tecniche di purificazione dell'acqua

La purificazione dell'acqua è un passo fondamentale per garantire la sicurezza e la potabilità dell'acqua raccolta. Diverse tecniche di purificazione possono essere utilizzate per rimuovere impurità, batteri e virus dall'acqua:

1. Bollitura: La bollitura dell'acqua è uno dei metodi più semplici ed efficaci per purificare l'acqua. Portare l'acqua a ebollizione e farla bollire per almeno un minuto per uccidere la maggior parte dei batteri e dei parassiti. Tuttavia, la bollitura non rimuoverà sostanze chimiche o inquinanti pesanti.

2. Filtrazione: Esistono vari dispositivi di filtrazione dell'acqua disponibili, che vanno dai filtri a carbone attivo ai filtri a membrana a porosità ultrafina. Questi filtri possono rimuovere particelle, batteri, protozoi e, in alcuni casi, virus dall'acqua. È importante seguire le istruzioni del produttore per l'uso e la corretta manutenzione del filtro.

3. Disinfezione chimica: L'uso di agenti chimici, come il cloro o lo iodio, può essere un metodo efficace per purificare l'acqua. Seguire le istruzioni del produttore per la corretta miscelazione e il tempo di contatto per garantire la purificazione adeguata. Tuttavia, alcuni agenti chimici possono lasciare un sapore sgradevole nell'acqua e non sono efficaci contro alcuni parassiti resistenti, come il Cryptosporidium.

4. Disinfezione UV: La disinfezione con luce ultravioletta (UV) è un metodo efficace per uccidere batteri, virus e protozoi. Esistono dispositivi portatili di disinfezione UV che possono essere utilizzati per trattare l'acqua durante il bushcraft. Tuttavia, la disinfezione UV può essere meno efficace in acque torbide o con elevata concentrazione di particelle.

6.4 Conservazione e trasporto dell'acqua

Conservare e trasportare l'acqua in modo sicuro ed efficiente è fondamentale per garantire un approvvigionamento costante d'acqua durante le avventure di bushcraft. Di seguito sono riportati alcuni suggerimenti per la conservazione e il trasporto dell'acqua:

1. Contenitori: Utilizzare contenitori d'acqua resistenti, impermeabili e di facile pulizia. I contenitori flessibili e pieghevoli sono ideali per il bushcraft, in quanto possono essere ripiegati e conservati quando non sono facilmente in uso.

2. Protezione dalla luce solare: conserva l'acqua lontana dalla luce diretta del sole per ridurre la crescita di alghe e batteri. Utilizzare contenitori opachi o coprire i contenitori trasparenti con un telo o un panno.

3. Pulizia e disinfezione: Pulire regolarmente i contenitori d'acqua con acqua e sapone, e disinfettarli con una soluzione di candeggina diluita o pastiglie di purificazione dell'acqua per prevenire la contaminazione e la crescita di batteri.

4. Trasporti: Durante il trasporto dell'acqua, assicurarsi che i contenitori siano ben chiusi e posizionati in modo stabile all'interno dello zaino o del carico. Utilizzare cinghie o corde per fissare i contenitori e ridurre il rischio di perdite o rotture.

5. Razionamento: In situazioni in cui l'approvvigionamento d'acqua è limitato, può essere necessario razionare l'acqua per garantire che duri il tempo necessario. Stabilire un piano di consumo d'acqua giornaliero e attenersi ad esso il più possibile. Ricordare di considerare le attività fisiche e le condizioni meteorologiche, che possono influenzare il fabbisogno idrico.

6.5 Utilizzo responsabile delle risorse idriche

La pratica del bushcraft comporta il rispetto e la conservazione dell'ambiente naturale, e ciò include l'utilizzo responsabile delle risorse idriche. Ecco alcuni suggerimenti per un utilizzo responsabile dell'acqua:

1. Attingere acqua con parsimonia: Utilizzare solo la quantità d'acqua necessaria per bere, cucinare e igiene personale. Ridurre lo spreco d'acqua riutilizzando l'acqua di cottura per lavare i piatti o raccogliendo l'acqua della pioggia per scopi non potabili.

2. Proteggere le fonti d'acqua: evitare di contaminare le fonti d'acqua con sostanze chimiche, rifiuti umani o altri inquinanti. Utilizzare prodotti biodegradabili per lavare i piatti e il corpo, e praticare tecniche di smaltimento dei rifiuti umani a una distanza adeguata dalle fonti d'acqua.

3. Rispettare la vita acquatica: Non disturbare gli ecosistemi acquatici e la vita selvatica che dipende dalle fonti d'acqua. Non pescare o nuotare in acque protette o in zone di riproduzione degli animali.

4. Condividere le risorse: In situazioni in cui le risorse idriche sono limitate, è importante cooperare e condividere l'acqua con altri praticanti del bushcraft o escursionisti. Comunicare e collaborare con gli altri per garantire che tutti abbiano accesso a un approvvigionamento adeguato d'acqua.

In conclusione, il capitolo 6 di questo manuale di bushcraft ha esplorato la gestione dell'acqua, comprese le tecniche per identificare e raccogliere fonti d'acqua, purificare l'acqua, conservare e trasportare l'acqua e utilizzare le risorse idriche in modo responsabile . La gestione efficace dell'acqua è fondamentale per la sopravvivenza e il successo nel bushcraft e nelle avventure all'aperto.

Capitolo 7: Primo Soccorso e Salute nel Bushcraft

7.1 Introduzione al primo soccorso e alla salute nel bushcraft

La salute e il primo soccorso sono aspetti fondamentali del bushcraft, poiché la capacità di affrontare e gestire emergenze mediche e problemi di salute comuni può fare la differenza tra una situazione gestibile e una potenzialmente pericolosa. In questo capitolo, esploreremo i componenti essenziali di un kit di primo soccorso per il bushcraft, il trattamento di ferite, morsi e punture comuni, la prevenzione e il trattamento dell'ipotermia e del colpo di calore e la gestione dello stress e della fatica in situazioni di sopravvivenza.

7.2 Kit di primo soccorso per il bushcraft

Un kit di primo soccorso ben fornito è un elemento essenziale per qualsiasi avventura di bushcraft. I seguenti articoli sono raccomandati per un kit di primo soccorso di base:

1. Bende adesive di varie dimensioni e forme, per coprire tagli e abrasioni.

2. Garze sterili per coprire ferite più grandi o per tamponare sanguinamenti.
3. Nastro adesivo medicale per fissare garze e bende.
4. Pinzette per rimuovere spine, schegge o zecche.
5. Forbici per tagliare pieghe, garze o vestiti.
6. Guanti monouso in nitrile per proteggere le mani durante l'erogazione del primo soccorso.
7. Soluzione antisettica, come iodopovidone o clorexidina, per disinfettare ferite.
8. Crema antibiotica per prevenire infezioni nelle ferite.
9. Cerotti a farfalla per chiudere tagli profondi.
10. Bende elastiche per sostenere distorsioni o lussazioni.
11. Benda triangolare per immobilizzare fratture o creare un fazzoletto improvvisato.
12. Coperta di emergenza per mantenere il calore o proteggere dal sole.
13. Antidolorifici, come paracetamolo o ibuprofene, per alleviare il dolore e ridurre l'infiammazione.
14. Antistaminici per il trattamento di reazioni allergiche.

15.Pinza emostatica per controllare il sanguinamento in caso di ferite gravi.

16.Siringa per irrigazione per pulire le ferite.

17.Un manuale di primo soccorso per riferimenti e istruzioni.

7.3 Trattamento di ferite, morsi e punture comuni

Durante il bushcraft, è possibile incontrare una serie di ferite e morsi comuni. Di seguito sono riportate alcune linee guida generali per il trattamento di queste situazioni:

1. Tagli e abrasioni: pulire la ferita con acqua pulita e sapone o soluzione antisettica. Applicare una crema antibiotica e coprire con una benda aderente o una garza.

2. Morsi di animali: Lavare la ferita con acqua e sapone, applicare un antisettico e coprire con una garza. Cercare assistenza medica se il morso proviene da un animale selvatico, poiché potrebbe essere necessaria una profilassi antitetanica o antirabbica.

3. Morsi di serpenti: riscaldare la calma e limitare il movimento dell'arto colpito per ridurre la diffusione del veleno. Rimuovere eventuali gioielli o abbigliamento stretto, ma evitare di tagliare la ferita o aspirare il veleno. Non applicare ghiaccio o un laccio emostatico. Cercare immediatamente assistenza medica.

4. Punture di insetti: applicare un topico antistaminico o una crema idrocortisone per alleviare il prurito e il gonfiore. Se si verifica una reazione allergica grave, come difficoltà respiratorie o gonfiore del viso, cercare immediatamente assistenza medica.

5. Zecche: Utilizzare una pinzetta per afferrare la zecca il più vicino possibile alla pelle e tirare delicatamente verso l'alto, evitando di schiacciare o torcere il corpo della zecca. Dopo aver rimosso la zecca, disinfettare la zona con un antisettico e lavarsi le mani con acqua e sapone. Monitorare il sito del morso per segni di infezione e consultare un medico se si sviluppano sintomi come febbre, eruzioni cutanee o dolore articolare.

7.4 Prevenzione e trattamento dell'ipotermia e del colpo di calore

Ipotermia e colpo di calore sono dovuti a condizioni potenzialmente pericolose che possono verificarsi durante il bushcraft. È importante conoscere i sintomi ei trattamenti per queste condizioni, oltre a come prevenirle.

1. Ipotermia: L'ipotermia si verifica quando la temperatura corporea scende al di sotto del normale a causa dell'esposizione al freddo. I sintomi includono brividi, confusione, difficoltà nel parlare, letargia e, in casi gravi, perdita di coscienza. Per prevenire l'ipotermia, indossare abiti adatti alle condizioni meteorologiche, mantenere il corpo asciutto e consumare cibi e bevande calde. Per trattare l'ipotermia, spostare la persona in un luogo riparato, rimuovere i vestiti bagnati e avvolgerla in coperte calde o un sacco a pelo. Fornire bevande calde e zuccherate, ma evitare alcol e caffeina.

2. Colpo di calore: Il colpo di calore si verifica quando la temperatura corporea aumenta rapidamente a causa dell'esposizione al calore eccessivo. I sintomi includono pelle calda e arrossata, sudorazione eccessiva o cessata, nausea, vertigini e, in casi gravi, convulsioni o perdita di coscienza. Per prevenire il colpo di calore, indossare abiti leggeri e traspiranti, bere molta acqua e riposarsi all'ombra durante le ore più calde della giornata. Per trattare il colpo di calore, sposta la persona in un luogo fresco e ombreggiato, rimuovi i vestiti in eccesso e raffredda il corpo con acqua fresca o impacchi freddi applicati alle ascelle, all'inguine e al collo. Fornire acqua fresca o bevande sportive per reidratare, ma evitare alcol e caffeina. Cercare immediatamente assistenza medica in caso di colpo di calore, poiché può essere una condizione potenzialmente fatale.

7.5 Gestione dello stress e della fatica in situazioni di sopravvivenza

Le situazioni di sopravvivenza nel bushcraft possono essere presenti ed emotivamente stressanti. È importante conoscere strategie per gestire lo stress e la fatica in modo da mantenere la lucidità mentale e preservare le risorse fisiche.

1. Pianificazione e organizzazione: Avere un piano e organizzare le attività quotidiane può aiutare a ridurre lo stress e garantire che si dedichi il tempo necessario al riposo e al recupero.

2. Gestione del tempo: Imparare a gestire il tempo in modo efficace può aiutare a ridurre lo stress e garantire che le attività cruciali vengano completate in modo tempestivo. Stabilire priorità e concentrarsi sulle attività più importanti.

3. Riposo e sonno: Assicurarsi di dedicare tempo al riposo e al sonno ogni giorno. Il riposo adeguato aiuta a mantenere la lucidità mentale e consente al corpo di riprendersi dall'attività fisica.

4. Tecniche di rilassamento: Praticare tecniche di rilassamento come la respirazione profonda, la meditazione o lo stretching può aiutare a ridurre lo stress e migliorare il benessere mentale ed emotivo.

5. Comunicazione e supporto: In situazioni di gruppo, comunicare apertamente con gli altri membri del gruppo e offrire supporto reciproco può aiutare a ridurre lo stress e rafforzare la coesione del gruppo.

6. Prendersi cura di sé: mantenere una buona igiene personale, nutrirsi adeguatamente e soddisfare le proprie esigenze emotive può aiutare a ridurre lo stress e sostenere la resilienza in situazioni di sopravvivenza.

In conclusione, il capitolo 7 di questo
manuale di bushcraft ha esplorato il
primo soccorso e la salute nel
bushcraft, compresi i componenti
essenziali di un kit di primo soccorso,
il trattamento di ferite, morsi e
punture comuni, la prevenzione e il
trattamento dell' ipotermia e del colpo
di calore, e la gestione dello stress e
della fatica in situazioni di
sopravvivenza. La conoscenza e
l'applicazione di queste competenze
possono aumentare notevolmente le
possibilità di successo e sicurezza
nelle avventure di bushcraft.

Capitolo 8: Fabbricazione di Attrezzi e Utensili

8.1 Introduzione alla fabbricazione di attrezzi e utensili nel bushcraft

La fabbricazione di attrezzi e utensili è un'abilità fondamentale nel bushcraft. Essere in grado di creare oggetti utili con materiali naturali può fare la differenza tra sopravvivere e prosperare in un ambiente selvaggio. In questo capitolo esploreremo l'uso e la manutenzione di coltelli, asce e seghe, come fabbricare utensili e oggetti utili con materiali naturali, tecniche di intreccio e legatura con fibre vegetali e la costruzione di contenitori e recipienti.

8.2 Uso e manutenzione di coltelli, asce e seghe

Coltelli, asce e seghe sono strumenti essenziali per il bushcraft. Ogni strumento ha le sue specifiche funzioni e richiede una manutenzione adeguata per garantire un uso sicuro ed efficiente.

1. Coltelli: Un coltello da bushcraft di buona qualità è uno strumento versatile e indispensabile. Può essere utilizzato per svariati compiti, come intagliare, affettare, scavare e preparare il cibo. Per mantenere il coltello in ottime condizioni, è importante tenerlo pulito e affilato. Pulire il coltello dopo ogni utilizzo e oliare periodicamente per prevenire la ruggine. Utilizzare una pietra per affilare per mantenere il filo affilato ed efficiente.

2. Asce: Un'ascia è uno strumento utile per abbattere alberi e lavorare il legno. È importante scegliere un'ascia della giusta dimensione e peso per il compito specifico e per la propria forza fisica. Per mantenere l'ascia in buone condizioni, pulire e oliare regolarmente la testa dell'ascia. Affilare l'ascia con una pietra per affilare o un'affilatrice specifica per asce, mantenendo un angolo di affilatura appropriato.

3. Seghe: Una sega è uno strumento ideale per tagliare rami e tronchi più grandi. Le seghe a mano pieghevoli o le seghe a catena portatili sono opzioni comuni per il bushcraft. sostenere la sega pulita e oliata per prevenire la ruggine e garantire un funzionamento agevole. Sostituire o affilare le lame quando diventano smussate per garantire tagli precisi ed efficienti.

8.3 Fabbricazione di utensili e oggetti utili con materiali naturali

Nel bushcraft, è possibile creare una varietà di utensili e oggetti utili utilizzando materiali naturali. Di seguito sono riportati alcuni esempi:

1. Bastoni da passeggio: Un robusto bastone può essere utilizzato come supporto durante la camminata, come asta per montare una tenda o come arma di difesa contro animali selvatici. Mettere un ramo dritto e resistente, rimuovere eventuali rami secondari e spogliare la corteccia, se necessario. È possibile intagliare un'impugnatura comoda o avvolgerla con corda o pelle per una presa migliore.

2. Fionda: Una fionda è un'arma semplice ma efficace per cacciare piccoli animali o per autodifesa. Per costruire una fionda, cerca un ramo biforcuto robusto e taglia una striscia di elastico o di pelle per collegare le due estremità della forcella. È possibile utilizzare un pezzo di pelle o di tessuto per creare una tasca centrale dove inserire il pezzo.

3. Lancia: Una lancia può essere utilizzata per la caccia, la pesca o la difesa. Unire un bastone dritto e robusto e intagliare un'estremità a punta affilata. Per aumentare la potenza e l'efficacia della lancia, è possibile aggiungere una punta di pietra o di metallo, fissandola al bastone con corda o fibre vegetali.

4. Amache: Le amache sono un'ottima opzione per dormire comodamente e al sicuro da terra. Per costruire un'amaca, è possibile utilizzare una rete di pesca, un pezzo di tela o un materiale simile. Legare le estremità del materiale a due alberi robusti e distanziati in modo appropriato, assicurandosi che l'amaca sia sospesa almeno a 45 centimetri da terra.

8.4 Tecniche di intreccio e legatura con fibre vegetali

Le fibre vegetali possono essere utilizzate per creare corde, ceste, tappeti e altri oggetti utili. Ecco alcune tecniche comuni di intreccio e legatura:

1. Corda: Per creare una corda
   resistente, raccogli fibre
   vegetali lunghe e resistenti,
   come corteccia di albero, foglie
   di palma o fibra di ortica.
   Dividere le fibre in ciocche e
   torcerle insieme, avvolgendo le
   ciocche una attorno all'altra
   per creare una corda uniforme
   e resistente.

2. Intreccio a treccia: Per
   realizzare una treccia, dividere
   le fibre vegetali in tre ciocche e
   intrecciarle, insieme passando
   ogni ciocca sopra quella
   adiacente in un movimento
   continuo. Questa tecnica può
   essere utilizzata per creare
   cinture, manici di borse e altri
   oggetti simili.

3. Intreccio a cestino: L'intreccio
   a cestino è una tecnica di
   intreccio utilizzata per creare
   cesti, tappeti e altri oggetti
   piatti. Disporre le fibre vegetali
   verticalmente e
   orizzontalmente, intrecciando
   le fibre in modo che si
   incrocino ad angolo retto.
   Continuare ad aggiungere fibra
   fino a raggiungere la
   dimensione desiderata.

4. Nodo a otto: Il nodo a otto è un nodo robusto e versatile che può essere utilizzato per legare oggetti insieme o fissare una corda ad un punto fisso. Per fare un nodo a otto, passare un'estremità della corda attorno alla corda stessa, creando un anello. Quindi, passare l'estremità della corda di nuovo attraverso l'anello e stringere il nodo.

8.5 Costruzione di contenitori e recipienti

Creare contenitori e recipienti utilizzando materiali naturali è un'abilità utile nel bushcraft per conservare cibo, acqua e altri oggetti importanti. Ecco alcune idee per costruire contenitori e recipienti con materiali naturali:

1. Ciotole di legno: Una ciotola di legno può essere creata intagliando un pezzo di legno con un coltello o un'ascia. Scegliere un pezzo di legno adatto, preferibilmente di legno duro, e intagliare il centro del pezzo fino a formare una ciotola della profondità e dimensione desiderata.

2. Cesti intrecciati: I cesti intrecciati possono essere realizzati utilizzando fibre vegetali come giunco, salice o canna. Tagliare le fibre in strisce lunghe e sottili, quindi intrecciarle insieme utilizzando tecniche di intreccio come l'intreccio a cestino o l'intreccio a treccia. È possibile creare cesti di diverse forme e dimensioni per soddisfare le proprie esigenze.

3. Contenitori di corteccia: La corteccia di alcuni alberi, come la betulla o il cedro, può essere utilizzata per creare contenitori leggeri e resistenti all'acqua. Staccare con cura un pezzo di corteccia dall'albero, quindi piegarlo e fissarlo con corda o fibre vegetali per creare un contenitore. È importante non danneggiare eccessivamente gli alberi durante la raccolta della corteccia.

4. Zucche o cocomeri vuoti: Le zucche oi cocomeri svuotati possono essere utilizzati come contenitori per acqua, cibo o piccoli oggetti. Tagliare l'estremità superiore della zucca o del cocco e rimuovere la polpa ei semi. Lasciare asciugare il guscio interno prima del contenitore.

In conclusione, il capitolo 8 di questo manuale di bushcraft ha esplorato la fabbricazione di attrezzi e utensili, tra cui l'uso e la manutenzione di coltelli, asce e seghe, la fabbricazione di utensili e oggetti utili con materiali naturali, tecniche di intreccio e legatura con fibre vegetali, e la costruzione di contenitori e recipienti. Avere la capacità di creare e mantenere gli strumenti necessari per la vita all'aperto è una competenza essenziale nel bushcraft, che può aumentare la probabilità di sopravvivenza e il comfort durante le avventure nella natura.

Capitolo 9: Comunicazione e Segnalazione

9.1 Introduzione alla comunicazione e segnalazione nel bushcraft

La comunicazione e la segnalazione sono abilità essenziali nel bushcraft, in particolare durante situazioni di emergenza o quando si lavora in gruppo. Essere in grado di inviare e ricevere informazioni in modo efficace può aumentare la sicurezza e l'efficienza delle attività all'aperto. In questo capitolo esploreremo tecniche di comunicazione non verbale, l'uso di segnali di fumo, specchi e altri metodi di segnalazione, la creazione e l'interpretazione di segni e simboli sul terreno, e l'utilizzo di radio e altri dispositivi di comunicazione .

9.2 Tecniche di comunicazione non verbale

La comunicazione non verbale è un metodo efficace per condividere informazioni senza fare rumore o attirare l'attenzione indesiderata. Alcune tecniche comuni di comunicazione non verbale nel bushcraft includono:

1. Gestualità: Le mani possono
   essere utilizzate per indicare
   direzioni, segnalare pericoli o
   inviare messaggi specifici. Ad
   esempio, un pugno può
   indicare "stop", mentre un dito
   chiuso indice e medio estesi
   possono indicare "avanti" o "in
   quella direzione".

2. Espressioni facciali: Le
   espressioni facciali possono
   trasmettere emozioni o
   risposte a situazioni specifiche.
   Ad esempio, alzare le
   sopracciglia può indicare
   sorpresa o interesse, mentre
   aggrottare la fronte può
   segnalare confusione o
   preoccupazione.

3. Linguaggio del corpo: Il
   linguaggio del corpo può
   fornire informazioni sullo stato
   emotivo o fisico di una
   persona. Ad esempio, una
   postura eretta e aperta può
   indicare sicurezza e
   disponibilità all'azione, mentre
   una postura chiusa e incurvata
   può suggerire paura o
   sottomissione.

4. Acenno con la testa: Un cenno con la testa può indicare comprensione, accordo o riconoscimento. Ad esempio, un cenno verticale può significare "sì" o "capito", mentre un cenno orizzontale può indicare "no" o "non capisco".

9.3 Uso di segnali di fumo, specchi e altri metodi di segnalazione

In situazioni di emergenza o quando è necessario attirare l'attenzione a distanza, l'uso di segnali di fumo, specchi e altri metodi di segnalazione può essere vitale. Ecco alcuni metodi comuni:

1. Segnali di fumo: I segnali di fumo possono essere utilizzati per inviare messaggi a lunga distanza o per segnalare la propria posizione. Per creare un segnale di fumo, accendere un fuoco e aggiungere materiale umido o verde per produrre fumo denso e bianco. Coprire e scoprire il fuoco con una coperta o un telo per creare segnali di fumo intermittenti.

2. Specchi: Gli specchi o qualsiasi superficie riflettente possono essere utilizzati per inviare segnali luminosi a lunga distanza. Per utilizzare uno specchio per segnalare, riflettere la luce del sole verso la direzione desiderata, muovendo lo specchio in modo da creare brevi lampeggi. Questo metodo può essere utilizzato per attirare l'attenzione di soccorritori, altri gruppi o individui.

3. Fischietti: Un fischietto può essere utilizzato per inviare segnali sonori a distanza. Utilizzare brevi soffi ripetuti per segnalare la propria posizione o richiedere assistenza. Il suono del fischietto può viaggiare più lontano di quello della voce umana e risparmia energia.

4. Bandiere e segnali visivi:
Bandiere, teli colorati o altri
oggetti visibili possono essere
utilizzati per segnalare la
propria posizione o inviare
messaggi. Posizionare la
bandiera o il telo in un'area
aperta e ben visibile,
preferibilmente in alto, come
su un albero o una collina.

9.4 Creazione e interpretazione di segni e simboli sul terreno

Creare e interpretare segni e simboli sul terreno può essere utile per segnalare percorsi, posizioni e altre informazioni importanti. Ecco alcuni suggerimenti per utilizzare segni e simboli nel bushcraft:

1. Sentieri: Creare sentieri con
pietre, rami o altri oggetti
naturali per segnalare il
percorso verso una
destinazione o per marcare il
passaggio del gruppo.
Assicurati che i segni siano
chiari e facilmente riconoscibili.

2. Simboli sul terreno: utilizza oggetti naturali per creare simboli sul terreno che trasmettano messaggi specifici, come direzioni, avvertimenti o richieste di aiuto. Ad esempio, una freccia fatta di pietre può indicare una direzione, mentre un cerchio con una croce al centro può segnalare pericolo o una zona da evitare.

3. Segni su alberi o rocce: Usa un coltello, un pezzo di carbone o un sasso per segnare simboli su alberi o rocce. Questi segni possono essere utilizzati per indicare percorsi, identificare luoghi di interesse o segnalare messaggi a chi li trova.

9.5 Utilizzo di radio e altri dispositivi di comunicazione

In alcune situazioni, l'utilizzo di radio e altri dispositivi di comunicazione può essere essenziale per mantenere il contatto con il gruppo o chiamare soccorso in caso di emergenza. Ecco alcuni dispositivi di comunicazione comuni nel bushcraft:

1. Radio portatili: Le radio portatili, come le walkie-talkie, sono un modo efficace per mantenere il contatto con il gruppo o comunicare con altre persone a distanza. Avere un set di radio con un buon raggio d'azione e batterie di riserva è fondamentale.

2. Telefoni satellitari: I telefoni satellitari sono dispositivi di comunicazione che utilizzano i satelliti per stabilire una connessione telefonica in aree remote o senza copertura cellulare. Essi possono essere utilizzati per chiamare soccorso in caso di emergenza o per comunicare con persone al di fuori dell'area di bushcraft. Tuttavia, è importante ricordare che i telefoni satellitari possono essere costosi e richiedono un abbonamento per funzionare.

3. Dispositivi di messaggistica
   GPS: I dispositivi di
   messaggistica GPS, come il
   Garmin inReach, consentono
   di inviare e ricevere messaggi
   di testo tramite satellite. Questi
   dispositivi possono anche
   fornire informazioni sulla
   posizione GPS e consentire la
   condivisione della posizione
   con amici, familiari o
   soccorritori. Essi richiedono un
   abbonamento e possono
   essere utili in situazioni di
   emergenza o per comunicare
   con persone al di fuori
   dell'area di bushcraft.

4. Radio ad onde corte: Le radio
   ad onde corte sono dispositivi
   di comunicazione che
   utilizzano frequenze radio a
   lungo raggio per trasmettere e
   ricevere messaggi. Queste
   radio possono essere utilizzate
   per comunicare a lunga
   distanza, ascoltare notizie e
   informazioni meteorologiche e
   contattare i soccorritori in caso
   di emergenza. Tuttavia, le
   radio ad onde corte possono
   essere complesse da utilizzare
   e richiedere una certa
   conoscenza delle frequenze e
   delle tecniche di trasmissione.

In conclusione, il capitolo 9 di questo manuale di bushcraft ha esplorato l'importanza della comunicazione e della segnalazione nel bushcraft, comprese le tecniche di comunicazione non verbale, l'uso di segnali di fumo, specchi e altri metodi di segnalazione, la creazione e l'interpretazione di segni e simboli sul terreno e l'utilizzo di radio e altri dispositivi di comunicazione. Saper comunicare in modo efficace e sicuro è fondamentale per il successo e la sicurezza nelle avventure di bushcraft, sia che si lavori in gruppo o si affrontino situazioni di emergenza.

Capitolo 10: Sopravvivenza a Lungo Termine e Abilità di Vita nella Natura

10.1 Introduzione alla sopravvivenza a lungo termine e abilità di vita nella natura

Sopravvivere a lungo termine nella natura richiede una serie di abilità e competenze diverse rispetto a quelle necessarie per brevi escursioni o situazioni di emergenza. In questo capitolo esamineremo la pianificazione e l'organizzazione di una base permanente, le tecniche di agricoltura e allevamento nella natura selvaggia, la conservazione del cibo a lungo termine e lo sviluppo di una comunità autosufficiente nel bosco.

10.2 Pianificazione e organizzazione di una base permanente

Una base permanente è essenziale per garantire la sopravvivenza a lungo termine nella natura. Ecco alcuni fattori da considerare nella pianificazione e organizzazione di una base:

1. Posizione: La posizione della base dovrebbe essere vicina a risorse essenziali come acqua, cibo e materiali per la costruzione. La base dovrebbe anche essere situata in un'area protetta dalle intemperie e dai pericoli naturali.

2. Rifugio: Un rifugio solido e sicuro è fondamentale per proteggersi dagli elementi e garantire il comfort a lungo termine. Il rifugio dovrebbe essere costruito utilizzando materiali naturali disponibili e tecniche di costruzione adatte all'ambiente.

3. Disposizione del campo: L'organizzazione del campo è importante per garantire un funzionamento efficiente e sicuro. Ciò include la progettazione di aree dedicate alla cottura, al riposo, al lavoro e al magazzino.

4. Sistema di difesa: Avere un sistema di difesa è essenziale per proteggersi da predatori o intrusi. Questo può includere barriere naturali come siepi o recinzioni, nonché trappole e allarmi.

10.3 Tecniche di agricoltura e allevamento nella natura selvaggia

L'agricoltura e l'allevamento sono abilità essenziali per garantire un approvvigionamento costante di cibo a lungo termine nella natura. Ecco alcune tecniche di base:

1. Coltivazione di piante: Coltivare piante commestibili come frutta, verdura e cereali può fornire una fonte di cibo sostenibile. Ciò include la preparazione del terreno, la semina, la cura delle piante e il raccolto.

2. Allevamento di animali: L'allevamento di animali come pollame, capre e conigli può fornire carne, uova e latte. È importante conoscere le esigenze specifiche degli animali e garantire che abbiano un ambiente adatto, cibo e cure adeguate.

3. Caccia e pesca sostenibile: La caccia e la pesca possono fornire fonti di proteine a lungo termine, ma è importante farlo in modo sostenibile. Ciò significa rispettare le leggi locali e le stagioni di caccia, nonché praticare tecniche di caccia e pesca

4. Raccolta e propagazione di piante selvatiche: Raccogliere piante selvatiche commestibili e imparare a propagarle può aiutare a diversificare la dieta ea mantenere l'approvazione di cibo. È importante conoscere le piante locali e imparare a riconoscere quelle commestibili e tossiche.

10.4 Conservazione del cibo a lungo termine

La conservazione del cibo è essenziale per garantire l'approvazione del cibo a lungo termine e per evitare sprechi. Ecco alcune tecniche di conservazione del cibo:

1. Essiccazione: L'essiccazione è un metodo di conservazione che prevede la rimozione dell'acqua dagli alimenti per prevenire la crescita di batteri e muffe. Alimenti come frutta, verdura, carne e pesce possono essere essiccati al sole, al vento o tramite un essiccatore.

2. Affumicatura: L'affumicatura è un processo di conservazione che prevede l'esposizione degli alimenti al fumo per uccidere batteri e parassiti e per aggiungere sapore. Carne e pesce sono i cibi più comunemente affumicati.

3. Salatura: La salatura è un metodo di conservazione che prevede l'aggiunta di sale agli alimenti per disidratarli e prevenire la crescita di batteri. Carne e pesce possono essere conservati con questo metodo.

4. Fermentazione: La
   fermentazione è un processo
   di conservazione che prevede
   la trasformazione degli alimenti
   grazie all'azione di batteri,
   lieviti o muffe. Alcuni alimenti
   fermentati comuni includono
   crauti, yogurt e formaggio.

5. Insaccamento sottovuoto:
   L'insaccamento sottovuoto è
   un metodo di conservazione
   che prevede la rimozione
   dell'aria dalle confezioni di cibo
   per rallentare la crescita dei
   batteri e prevenire
   l'ossidazione. Questo metodo
   è particolarmente efficace per
   la conservazione della carne e
   del pesce.

10.5 Sviluppo di una comunità autosufficiente nel bosco

La creazione di una comunità
autosufficiente nel bosco può
aumentare le possibilità di
sopravvivenza a lungo termine e
offrire un'esperienza di vita più
gratificante. Ecco alcuni elementi
chiave per sviluppare una comunità
nel bosco:

1. Cooperazione e lavoro di squadra: La cooperazione e il lavoro di squadra sono essenziali per il successo di una comunità nel bosco. Ciò include la divisione del lavoro, la condivisione delle risorse e l'appoggio reciproco.

2. Educazione e formazione: L'educazione e la formazione sono fondamentali per garantire che tutti i membri della comunità abbiano le competenze e le conoscenze necessarie per contribuire alla sopravvivenza del gruppo.

3. Gestione delle risorse: Una gestione efficace delle risorse è fondamentale per garantire la sostenibilità della comunità. Ciò include la conservazione delle risorse naturali, la pianificazione delle risorse alimentari e la gestione dei rifiuti.

4. Sicurezza e protezione: La sicurezza e la protezione della comunità sono essenziali per garantire la sopravvivenza e il benessere di tutti i membri. Ciò include la creazione di barriere e sistemi di difesa, l'implementazione di protocolli di sicurezza e la formazione di tutti i membri nelle tecniche di autodifesa.

5. Comunicazione e risoluzione dei conflitti: La comunicazione efficace e la risoluzione dei conflitti sono fondamentali per mantenere un'atmosfera armoniosa e cooperativa all'interno della comunità. Ciò include la creazione di canali di comunicazione aperti, l'ascolto attivo e la promozione di un approccio collaborativo alla risoluzione dei problemi.

6. Sostenibilità ambientale: La sostenibilità ambientale è fondamentale per garantire la sopravvivenza a lungo termine della comunità e la salute dell'ecosistema circostante. Ciò include la protezione degli habitat naturali, la promozione di pratiche agricole sostenibili e l'utilizzo responsabile delle risorse naturali.

7. Sviluppo di una cultura e di valori comuni: La creazione di una cultura e di valori comuni può aiutare a rafforzare il senso di identità e di appartenenza all'interno della comunità. Ciò include la condivisione di tradizioni, rituali e pratiche che riflettono gli obiettivi e gli ideali della comunità.

In conclusione, il capitolo 10 di questo manuale di bushcraft ha esplorato la sopravvivenza a lungo termine e le abilità di vita nella natura, compresa la pianificazione e l'organizzazione di una base permanente, le tecniche di agricoltura e allevamento nella natura selvaggia, la conservazione del cibo a lungo termine e lo sviluppo di una comunità autosufficiente nel bosco. Sviluppare queste abilità e conoscenze può aumentare notevolmente le possibilità di successo e benessere a lungo termine nella natura, permettendo a individui e comunità di prosperare e vivere in armonia con l'ambiente circostante.

CONCLUSIONI

Questo manuale di bushcraft offre una panoramica completa delle abilità e delle conoscenze necessarie per sopravvivere e prosperare nella natura. Dalla costruzione di rifugi e accensione del fuoco, alla procurarsi cibo e gestione dell'acqua, ogni capitolo fornisce dettagliate informazioni e approfondimenti su come vivere in modo sostenibile e responsabile nell'ambiente selvaggio. L'orientamento e la navigazione, il primo soccorso, la fabbricazione di attrezzi, la comunicazione e la sopravvivenza a lungo termine sono anch'essi aspetti essenziali per una vita di successo nella natura. Imparare e padroneggiare queste competenze può arricchire la propria esperienza all'aperto e fornire una maggiore comprensione del nostro rapporto con l'ambiente circostante.